UN
FRANÇAIS AUSSI
AU MINISTÈRE.

Avec des pouvoirs qui laissent aller, avec des peuples qui se laissent mener, l'État languit et périt. Si le cœur ne bat plus, si l'estomac ne digère plus, quels pronostics! (*Des Journaux à l'occasion, etc.*, 4e partie, page 46.)

PARIS,

A. PIHAN DELAFOREST,

IMPRIMEUR DE M. LE DAUPHIN ET DE LA COUR DE CASSATION,

rue des Noyers, n° 37.

1827.

Soit que la vérité se dévoile aux consciences ou que la pudeur commande aux langues, il n'y a qu'un cri de blâme et d'effroi.

L'harmonie est dans les discours, au même point que la discordance dans les actes : les adhérens critiquent en détail; les adversaires condamnent en gros : telle est la différence.

La plume ne rend plus que l'écho de la parole : seulement la plume est contrainte à faire usage de la presse; et la presse arrive à toutes les adresses.

C'est une fatalité inévitable : en parlant à tels ou tels, on parle à tous. Et souvent ceux-là n'en tirent pas profit, ceux-ci en tirent parti.

Mais quel est donc ce pouvoir qu'il n'est pas permis de défendre en face de l'opinion révoltée, qu'il n'y a pas moyen d'attaquer, sans quelque crainte que les traits ne portent trop haut?

Il est jugé par cela même.

Ainsi fut jugé l'avant-dernier ministère; et chacun se rappelle de quelles armes se servait contre lui le parti du ministère actuel.

Cependant l'un faisait des royalistes, l'autre fait des li-béraux : les registres des journaux en donnent le fidèle recensement

Que les infatués, les stipendiés cessent donc de déblatérer : on ne fait que ce qu'ils ont fait ; on n'écrit que ce qu'ils disent.

Ou plutôt on n'écrit rien de nouveau : au premier vent de la septennalité, la vérité prématurée s'est exprimée en deux mots.

« Si vous renommez servilement les candidats favoris du ministère, la Chambre lui tourne en propriété : le gouvernement représentatif n'est qu'une amère fiction ; le Roi n'est plus roi. » (*Les Scrupules d'un Electeur*, fév. 1824.)

C'est qu'un privilège, un monopole est conféré à certaine position sociale.

On ne voit bien que de ce regard qui part d'un point de repos, pour percer à travers le tourbillon du mouvement, de ce regard qui du seuil de l'autre vie, se rejette en arrière sur les scènes de ce vain monde, maintenant étranger.

Les pairs, les députés se séparent ; la trève d'été commence, les rangs ne se rallieront plus. Des espoirs vagues ont consumé le temps ; de vains efforts ont fatigué, dégoûté. Rien qu'un éclat de la foudre pourrait ranimer les sens, réchauffer le cœur.

Les consciences, troublées par les plus sinistres présages, se réfugient aux secrets d'une intention loyale ; l'idée de l'impuissance, de l'impossibilité, les tient en repos. On veut le bien, on ne peut le bien ; combien de gens en restent là !

En vain le sentiment, l'opinion sont prononcés : il y a loin de là à l'action, à la conduite. Entre les deux sphères, tout point de contact manque ; le vide les isole.

Bonaparte disait, en parlant des masses de l'armée russe : Ce n'est rien que de les tuer, il faut les abattre. Ainsi, pour les esprits, ce n'est rien de les convaincre, il faut les déterminer.

Pourtant les Chambres ont d'autres devoirs, d'autres droits peut-être, que de parler un mois dans l'une et se taire un mois dans l'autre, pour mettre à néant l'énigme du projet sur la presse, que de discuter à perte d'haleine et d'adopter à la minute, pour produire au grand jour le duplicata du budget de 1827.

C'est se faire la cinquième roue du carrosse au lieu d'être la cheville ouvrière ; c'est intervertir l'ordre.

La prééminence du système constitutionnel dérive de l'ascendant moral que peuvent et doivent exercer les Chambres ; ascendant qui s'établit au sein du calme par la surveillance scrupuleuse des actes du gouvernement ; qui, dans un temps de trouble, s'exerce heureusement, même en l'absence, même à l'encontre de la force matérielle.

Or, cet ascendant n'est pas encore conquis : le respect et la foi sont difficiles à rattacher à des pouvoirs dont la formation s'est opérée fort irrégulièrement.

Pour les appeler, pour les fixer, il serait nécessaire de s'insinuer dans la faveur des esprits, sans les flatter jamais, sans les brusquer non plus ; de se rendre à l'opinion, dès lors qu'elle est juste, surtout quand elle est générale, permanente.

Il faut dire ce qui n'a pas été encore dit : La nullité de l'ascendant moral des Chambres est la cause de ce malaise indéfinissable dont la France se sent travaillée.

Les espérances parlaient ; les mécomptes ont répondu. Au lieu de cette balance que les Chambres étaient appelées à tenir entre le vœu des peuples et les vues du ministère, il n'existe plus qu'un bassin isolé dans lequel, à la suite du ministère, les Chambres se jettent de tout leur poids.

Qu'en résulte-t-il ? Les Chambres apparaissent comme des appendices du ministère ; c'est le même être.

La monarchie absolue serait plutôt accueillie par les ames nobles, par les têtes saines, et conviendrait mieux aux besoins, exposerait moins aux périls. Là du moins, la couronne, dégagée de voiles, inspire le sentiment, excite le dévouement ; là, un ministère, tel pervers ou tel inepte qu'il puisse être, ne se voit pas investi d'une force illimitée.

Les consciences entendront-elles ? Leur intention est pure, est fixe : est-ce donc assez ? Le devoir, l'honneur, resteront-ils *in petto ?*

Le ministère est usé : ainsi parlaient ses affidés même, quand tout à coup surviennent les troubles du 17 avril, les désordres du 29, les émeutes du 17 mai.

La voix des faits est tonnante et couvre les

accens de la raison, étouffe l'écho de la mémoire. Tout change ; le ministère se rasseoit.

On ne voit pas que les faits sont des effets, que des effets ont une cause ; que la cause qui les a produits, les produira encore.

Les faits frappent seuls ; ils rendent l'image des temps sinistres, ils semblent en présager le retour. C'est la révolution, dit-on.

Or, la faiblesse perdit le saint Roi. Il faut déployer la force, exercer des rigueurs, jeter l'effroi.

Mais la force s'use par son emploi ; la force tourne dans la main ; la force est sujette à usurper l'empire.

Mais les rigueurs siéent mal de nos temps. Elles répugnent et fatiguent ; le ridicule les tue.

Et quant à l'effroi, le sabreur du 13 vendémiaire et du 18 brumaire n'est plus sur le trône ; pour le cimenter, combien de sang ne faudrait-il pas ?

Est-ce qu'il n'y aurait pas quelque autre remède ?

Tout effet dénonce une cause : quand la cause agit, comment l'effet se retiendrait-il de lui-même, s'arrêterait-il à point nommé ?

Tant que la cause agit, si l'effet est suspendu un instant, est comprimé peut-être, il reprend bientôt avec d'autant plus d'intensité.

La cause est patente. Et quel insensé, quel

impie oserait dire que la France entière, en se soulevant contre les ministres, veut attenter à la majesté du trône.

Qu'ils disparaissent ! Puis, qu'on ait un œil de feu, une main de fer ; il surviendra de l'aide : on sera en droit, on sera en force.

Autrement, c'est se débattre en vain ; c'est se mutiner contre la loi d'en haut.

Cette population exaspérée peut-elle être gouvernée, ou peut-elle être ramenée ?

L'espérance ne se fixe, ni sur l'un ni sur l'autre de ces termes.

Comment la gouverner ? La force morale est hostile ; la force judiciaire est au moins neutre. Il ne reste que la force militaire. Et d'où vient-elle ? A quoi tient-elle ?

Comment la ramener ? A - t - on jamais vu un ministre tourner du mal au bien, un peuple passer de la haine à la foi. Le ministre changerait, nul n'y croirait.

Défiance et colère s'aggraveront de jour en jour. Après avoir rejeté les leçons du passé, il y a plus de risque encore à repousser les menaces de l'avenir.

Il n'est pas un seul homme qui espère ou qui

craigne que le ministre puisse durer un certain temps : lui-même n'y compte pas.

Que sert-il donc de se mettre en frais, en peines pour le soutenir? C'est seulement ajourner la chute, renvoyer le dénouement.

Plus le temps s'écoule, plus les périls s'amoncèlent; la nécessité qu'on essaie d'esquiver, est d'autant plus dure à subir.

Enfin, les destins auront parlé : et le ministre tombe, ayant refoulé forcément l'opinion vers les bords ennemis, ou du moins sur des rives étrangères.

Or, l'opinion gagne peu à peu les pairs et les députés, la ville et la cour, les corps civils et militaires. Il faudra piquer le drapeau dans son noyau même; ailleurs le premier souffle l'abattrait.

Quand la bannière actuelle est à peine entourée de quelques rangs clair-semés, la nouvelle, en s'en détachant violemment, ne ralliera pas d'abord des forces suffisantes; et elle n'est pas douée de valoir à elle seule, une armée.

Eh bien! l'opinion s'écarte, s'écartera de jour en jour. En retardant de prendre un parti, on ne se doute pas du lieu reculé, du lieu encore voilé où il faudra chercher le noyau, piquer le drapeau.

Ceux à qui le cœur a manqué, pour étouffer le

mal en son principe, manquent de sens en se révoltant contre les conséquences.

Mais, s'écrie-t-on, ce n'est pas le moment : l'autorité aurait tort de plier, de céder ; un premier pas en entraîne un autre : l'abîme n'est pas loin.

Certes, les circonstances sont pénibles ; c'est un fait consommé qu'il faut accepter, dont il ne doit sortir que des remords, pour ceux à qui est la faute.

La question réelle, la question politique est celle-ci : Peut-on supposer que les circonstances deviennent meilleures ? Ne doit-on pas croire qu'elles deviendront pires ?

Alors il y aurait encore plus à redire ; si bien qu'au moment où la force viendrait à parler, à agir, il ne resterait qu'à courber humblement la tête.

Louis XVI s'est perdu par ses concessions ; tel est l'axiome banal que chacun répète, que nul ne traduit bien.

Il convient de distinguer.

Les concessions entièrement libres ne perdent jamais ; les concessions absolument forcées ne perdent pas non plus : elles annoncent seulement que tout est perdu.

Entre les unes et les autres se présentent des concessions de nature délicate, demi-libres, demi-forcées, auxquelles on est amené, soit par des craintes légitimes, soit par une peur puérile.

Si la peur commande, on suscite ainsi l'audace, l'exigence ; c'est créer le péril.

Si les craintes déterminent, on gagne du temps, on acquiert des moyens : c'est du moins assoupir le péril.

Quant à Louis XVI, souvent les conseils de la peur, soufflés par des traîtres, l'ont égaré ; et souvent des flatteurs, l'ont induit à mépriser les plus justes craintes.

Deux cause opposées se sont réunies pour le perdre.

Rien n'est moins touchant, moins imposant que cette colère d'apparat , que cet enthousiasme de commande qui font tant d'éclat, à l'occasion des troubles de Paris et des scènes de la revue.

Les ames simples y sont prises ; les esprits timides sont influencés ; mais fouillez à la source, le secret est honteux.

Plusieurs partis divers sont accolés au ministre ; des niais de nature, des valets d'habitude, des prosélytes de bonne foi, des royalistes de sentiment, des absolutistes d'espérance, surtout des coureurs de places, d'honneurs, de richesses.

Et tous tremblaient, lorsque les écarts, les excès des derniers temps ont changé la face des choses.

L'homme fort se soutient par lui-même ; les êtres débiles ont besoin d'étais étrangers. Le ministre a fait des fautes de plus en plus ; ses adversaires en ont moins fait ; la balance penchait contre lui :

Des évènemens fortuits sont advenus à propos ; il tombait de son poids, le choc l'a remis d'aplomb.

Heureuse chance ! présages propices ! Il faut saisir l'occasion, consolider les résultats.

De là tant de colère feinte, tant d'enthousiasme simulé ; il ne manque plus que le cri : *Vive le ministre*, pour faire la contre-partie du cri : *Vive le Roi.*

Que les torts ostensibles soient blâmés, soient punis ! force doit rester à la loi ; la loi n'atteint que les faits, frappe sur les faits.

Mais quel est le moteur des mouvemens ? Et, faut-il que le délit lui tourne à honneur, en profit.

Le caractère des crises atteste leur origine : elles n'ont montré que haine, qu'horreur contre le ministre. N'est-ce pas sa faute d'avoir inspiré de tels sentimens, sa faute de ne pas s'être retiré devant leur expression ?

Et de plus, est-il bien avéré que des instigateurs,

des provocateurs n'ont pas agi? que nulles des précautions usitées n'ont été omises?

Il a été cité beaucoup de faits; au moins les apparences sont fortes, et l'opinion est générale; les apparences trompent peut-être, l'opinion ne se détrompera pas.

Mais c'est une insulte, un outrage de concevoir de tels soupçons.

Eh! bon Dieu, le soupçon n'a jamais précédé le scandale; par malheur, il n'y a pas encore de loi sur la police de la mémoire.

La fourberie dans les manœuvres des élections; l'impudence, en quête d'un procès à vendre; la lâcheté des intrigues de toute sorte; la déloyauté quant à l'exécution des paroles; l'immoralité des destitutions, des nominations; assez d'actes ont parlé.

Et que ne disent pas les divers procès, où des agens de police ont été traduits pour avoir provoqué au crime.

Peut-être les agens ont outre-passé les ordres, ont péché par excès de zèle; chose trop fréquente.

Leur délit n'est que de seconde main. N'ont-ils pas été choisis? ne sont-ils pas conservés et récompensés? Le blâme remonte à la tête.

« La révolution a tenté de se relever, je l'ai abattue : si elle se montre encore, je l'écraserai. »

Veni, vidi, vici : le ministre tranche du César ; il connaît l'espèce humaine. Son mot a fait effet.

Et nul ne s'est enquis s'il s'agissait d'une révolution de cabinet ou d'une révolution d'Etat, qui, très innocemment, doivent se confondre dans sa tête.

Le drame recommence donc. Premier acte : Les attentats des 5 et 6 octobre répétés dans les rues. Deuxième acte : La fédération de 1790 jouée au Champ de Mars. Troisième acte : Les atrocités des 2 et 3 septembre parodiés à l'École de Médecine (1).

Sur le théâtre des évènemens, il n'y a plus que deux puissances en scène, le ministère, le libéralisme.

On se sert du même artifice qui réussit si bien lors des élections, et l'artifice n'est pas usé. Les plus loyales gens se laissent effrayer. Ce n'est pas

____

(1) Ce qui était arrivé, Messieurs, vous le savez : des pétitions présentées au bout des baïonnettes !!! (*Discours du ministre.*)

A l'instant des voix s'écrièrent : *Acquitté, acquitté ;* cri qui fut également proféré à une autre époque (*Etoile*).

le ministère qu'ils soutiennent, c'est au libéralisme qu'ils s'opposent.

Est-il permis de leur parler ? Y a-t-il moyen de s'en faire entendre ? Il faut tenter.

D'où vient le libéralisme ? Où va le libéralisme ?

A l'avènement du ministère, il existait en France un corps d'opinions royalistes, dictées par le sentiment et fondées sur la raison ; une masse d'intentions neutres ou inertes ; enfin des débris de passions réfractaires, amorties par le temps.

Grace à ses faits et gestes, qu'y voit-on maintenant ? Le corps réduit en débris, les débris formés en corps, la masse poussée à l'état d'hostilité.

Le libéralisme est l'être de sa création, et chaque jour l'occasion de s'exercer lui est fournie, l'initiant à la connaissance de ses forces, l'habituant au mépris de l'autorité.

D'abord faible avorton et né contre nature, c'est à cette heure un géant aux cent bras, une hydre aux cent têtes. Des deux bords on le reconnaît.

Mais, pour guérir le mal, ceux-ci travaillent à extirper le principe, ceux-là n'aspirent qu'à maintenir la cause. Le débat, réduit à ces termes, est si simple, qu'il n'y a plus de prise au raisonnement.

Aussi on ne raisonne pas, on se traîne à la suite d'un nom; trois syllabes accolées, dont la dernière est muette, font l'office d'un mot cabalistique. C'est le talisman de nos destinées.

Vainement il existe maint et maint autre royaliste à introniser sur les sièges du pouvoir.

Vainement tel qu'il fut, apostolique ou absolutiste même, il lui serait fait accueil de toutes parts, tant l'épouvante, l'aversion sont grandes.

Tout ministère nouveau soulève les craintes, tandis qu'il devrait donner du repos.

« Peut-être ne doit-il pas accomplir des espoirs généreux; peut-être doit-il amener des chances périlleuses, que m'importe! Le remède aura coupé le cours d'un mal invétéré, et la nature aura repris ses forces pour s'opposer à l'invasion d'un mal naissant. » (*Le ministre*, page 7.)

Pour se donner du crédit, les bonnes font peur du loup aux petits enfans: ainsi certain parti fait peur du jésuitisme, et le ministre fait peur du libéralisme.

L'empire est donné aux mots : ceux qui sont vagues et vides de sens dominent surtout, triomphent d'autant plus que chaque imagination y voit ce qui lui plaît à voir.

Le mot du libéralisme est en vogue : à l'entendre prononcer, il n'est si grand cœur qui ne se pâme. L'effroi saisit, trouble les sens, tellement qu'en fuyant devant l'ombre, on se jette dans l'abîme.

Dans le monstre du libéralisme, il y a la tête, la queue, qui sont à distance l'une de l'autre, qui sont en discordance entre elles.

Jusqu'à cette heure, la tête seule apparaît ; et c'est chose sensible, qu'elle tremble de voir la queue entrer en action. La fable du serpent lui présage assez quel serait son triste sort.

Les libéraux sains d'esprit sont épouvantés autant que les royalistes libres d'esprit ; ils deviennent leurs alliés de nécessité ; un bouleversement les menace de même (1).

Est-ce le libéralisme de tête dont on fait peur ? voici ses vœux, ses plans.

La couronne comme elle est, inviolable, impeccable ; les ministres comme ils ne sont pas, comptables, responsables, punissables.

En outre, un mode mitoyen d'élections, moins de faveurs pour la noblesse, moins de vague quant à l'autorité ecclésiastique, moins d'inimitié entre les pouvoirs ministériel et judiciaire, moins de minuties et de lésineries à l'égard de l'armée,

---

(1) *Un Homme de trop*, page 41.

moins d'incurie et d'ineptie dans l'administration, moins d'arbitraire, en un mot.

En cela, il y a du bien, il y a du mal : si ce n'est le mieux, ce n'est pas le pire. Du moins, le repos, l'ordre ne sont pas troublés.

Et notez que la tête du libéralisme, étant revêtue de la puissance, tiendrait en respect la queue, son ennemie jurée.

Tel est cependant le terme extrême de ces périls, qui frappent les imaginations malades, d'une terreur stupide, et ne leur laissent de refuge que sous l'égide du ministère.

Mais, en le soutenant contre tant de chocs, en le maintenant malgré tant d'abus, tant d'excès, où mène-t-on, où traîne-t-on la triste France ?

On ne sait donc pas que la haine et le mépris pour quelques ministres de Louis XV et de Louis XVI sont retombés par contre-coup sur la couronne même.

On ne voit donc pas qu'en 1787, y compris la noblesse et le clergé, comme en 1827, la noblesse et le clergé à part, toutes les classes distinguées ont fait et font cause commune en mécontentement.

Or, ces classes ne se mettent pas en mouvement, et pourtant donnent l'impulsion ; ne remuent que de la langue, et par là remuent enfin une masse de bras.

Classes insensées, qui jadis ont engendré la révolution, qui maintenant lui nourrissent une sœur
jumelle, bien que leur enfant, au sortir des langes,
doive les dévorer.

Classes passionnées, qui, pour se venger d'un
ennemi outrageant, s'abandonnent aux plus fâ-
cheux auxiliaires, ainsi qu'il arrive et arrivera
toujours.

Et vous ne les guérirez pas, vous qui ne vous
guérissez pas vous-même d'un travers encore plus
frappant.

Tellement qu'en travaillant, non pas d'accord,
mais de concours, vous en ferez tant les uns et
les autres qu'enfin il tombera sur vos têtes, une
révolution implacable, irrévocable.

Gardez donc votre ministre.

Les amis du ministre, de quelque catégorie
qu'ils soient; amis d'attachement et de reconnais-
sance, amis d'habitude et de convention, amis
d'ambition et de cupidité, amis de fatigue et
d'épouvante, amis d'entêtement et d'ineptie, perdent l'Etat, se perdent eux-mêmes.

Et tous font usage du même argument, qu'inspire la bonne foi à ceux-ci, que ceux-là emploient
comme subterfuge.

(21)

« Sans doute le mal est grand : mais c'est à l'opposition, c'est aux journaux qu'il faut s'en prendre. Le ministre n'y est pour rien. »

Admettons ce principe. Il faut en tirer les conséquences : Le mal persistera tant qu'il y aura opposition et journaux ; le mal ne sera guéri que par leur extirpation.

Qu'on les extirpe donc, et au plus vite ; car autrement l'argument se retournerait en sens inverse, et commanderait de se débarrasser du ministre.

Mais le principe est erroné ; on confond la parole et l'action : l'opposition, les journaux ne font pas ; ils disent seulement : et croit on que s'il n'était rien dit, il ne serait rien fait, ou qu'il serait fait mieux ?

En fait de suppositions, la marge est illimitée. Supposons donc que l'opposition ait été constamment privée de l'usage de la langue, que les journaux soient restés dépourvus de l'instrument de la presse, et que même la chétive brochure, qui, certes, ne manquerait pas de parler en leur place, se soit vue réduite au silence.

Eh bien ! est-ce que le ministre n'aurait pas entrepris la guerre d'Espagne malgré son opinion personnelle, afin de ne pas perdre tout crédit, et ne serait pas entré en campagne, avant que les approvisionnemens fussent faits, avant qu'une escadre fût prête à bloquer Cadix ?

Est-ce que le ministre n'aurait pas proposé au fils unique de France, à celui que la Providence a marqué pour nouer la chaîne des temps, pour combler l'intervalle entre deux générations distantes, de se jeter à travers les périls qu'envie toujours un grand cœur, dans la seule vue de se décharger de la responsabilité?

Puis ne se serait pas avisé de présenter au prince généralissime un lieutenant de son choix, et, dans l'espoir de le faire accepter, ne se serait pas porté à proclamer une conspiration, dont le bruit seul devait semer la défiance et la discorde entre des rangs encore étrangers les uns aux autres?

Est-ce que le ministre n'aurait pas abandonné la triste Espagne aux horreurs de l'anarchie, tolérant la révocation de l'ordonnance d'Andujar, au mépris du seing le plus auguste, chicanant Ferdinand au sujet de l'emprunt des cortès et des Etats d'Amérique, sans obtenir de lui l'établissement d'un ordre quelconque?

Puis ne se serait pas permis, après que ce roi a été replacé sur le trône aux dépens du sang et des trésors de France, pendant que l'alliance est intime, et que les destinées sont solidaires, de reconnaître en violation du droit des gens, l'indépendance des colonies espagnoles?

Est-ce que le ministre n'aurait pas manœuvré indignement, ignoblement dans le travail des élections, n'aurait pas induit par des espérances ou séduit par des faveurs, la majorité des députés?

Est-ce que le ministre n'aurait pas fabriqué une seconde émission de Pairs en masse, sans nulle crainte d'altérer la considération de la Chambre haute, et de sanctionner un précédent condamnable, un coup d'Etat désespéré, sous la forme d'une jurisprudence maintenant fixée?

Est-ce qu'il n'aurait pas détourné les fonds de l'Etat ou du trône, marchandé de prix avec les consciences, trafiqué des organes de l'opinion, et violé toute justice envers l'Aristarque, toute pudeur envers la Quotidienne?

Est-ce qu'il n'aurait pas trahi les paroles solennelles données à la tribune, soit, en 1822, relativement à l'établissement des journaux nouveaux, soit, en 1825, relativement à la réserve de l'amortissement au profit des cinq pour cent?

Est-ce qu'il n'aurait pas repris en sous-œuvre la loi du sacrilège, livré aux débats la loi du droit d'aînesse, produit au jour la loi sur la presse? et, comme pour préparer le sol à recevoir ces germes de trouble et de haine, inventé au creux de son cerveau, un projet de réduction en dépit de l'équité et de la morale, un projet de conversion, à l'aide des intrigues et des mensonges ?

Frappans et imposans exemples, pris au hasard entre mille, dont l'influence était la même ; à part toute opposition de la tribune et des journaux, dont la publicité avait lieu de même, soit par la presse, ou la plume, ou la langue, soit après le retranchement, la castration de ces divers organes, par toute autre voie ; car, à défaut, au besoin, ainsi qu'au temps de Midas, les roseaux auraient parlé.

« Surtout gardez-vous de croire, s'écriait un homme rare en talent, plus rare en science, plus rare encore en vertu, que vous serez *tranquilles* en occupant toutes les places ; que les hommes religieux n'ont qu'à se trouver partout pour *gagner* la victoire sans la conquérir..... Celui qui croit que la terre est un lit de repos, mériterait d'y être enseveli à jamais. » (*Extrait du catholique.*)

Telle est cependant la vaine idée qui triomphe de l'innocence de tant de consciences, vierges encore, trop vierges sans doute.

Ainsi les bonnes ames, non pour le mérite de

ses œuvres, car ce serait être trop simple, non pas sous les auspices de l'espérance, car le passé leur pèse fort, défendent le ministère actuel, ou plutôt se défendent d'un ministère nouveau.

Elles craignent que ses successeurs soient moins royalistes, que toutes les places ne soient plus occupées par des royalistes, que tous les plans ne soient pas empreints des couleurs royalistes ; et dès lors, à leur dire, l'Etat ne serait plus tranquille, la victoire ne serait plus gagnée, ainsi que cela est.

Mais d'abord n'existerait-il pas quelque nécessité, quelque fatalité inexorable, par l'effet de laquelle, à telle ou telle époque, les craintes qui les obsèdent doivent être réalisées ?

Qu'elles en jugent elles-mêmes : et si la conviction vient à les saisir, qu'elles réfléchissent qu'il y a folie à se débattre contre la nécessité ; qu'il y a plus que folie à s'exposer à des périls imminens, dans le seul but d'éviter un mal inévitable.

Ne vaudrait-il pas mieux établir un système de gouvernement, par lequel sans encourir ces périls bénévoles, le coup infaillible fût amorti ; un système sous lequel, tels que fussent ou que sont les ministres, la monarchie demeurerait saine et sauve ?

Vous laissez les ministres planter l'échafaud de leur grandeur, dans les entrailles même du sol où s'élève le trône, sur les assises même qui lui servent de base.

Et cela fait, vous tremblez que la chute de l'échafaud postiche ne mette à découvert les fondemens du trône antique, ne l'ébranle, ne le renverse; vous ne travaillez plus qu'à replâtrer, à étayer l'impertinente bâtisse, au lieu qu'il faudrait la démolir, la raser et faire place nette autour de l'édifice sacré.

Mais passez donc le détroit; initiez-vous au grand secret de l'ordre social.

En Angleterre, le pouvoir est en quête du mérite; le mérite n'est ni astreint à l'intrigue, ni inquiété par l'envie. La hiérarchie des places est identique avec la hiérarchie des talens.

Pousse-t-il en quelque coin, de quelque bord que ce soit, un être qui marque, qui se distingue, aussitôt il est remarqué, distingué. L'Etat met la main dessus, le confisque à son profit; et l'aristocratie l'absorbe, se l'approprie, empressée d'enter sur sa vieille souche qui rajeunit et se ravive ainsi, des rameaux de la plus riche sève, de la plus belle venue.

Pelham et Chatam, Perceval et Liverpool, Peel et Canning, sortis des rangs inférieurs, furent offerts par la nature, accueillis par la société.

Seulement quand ce serait le plus grand génie du siècle, jamais un homme ne perce, n'est promu au ministère, s'il existe le moindre soupçon, quelque scrupule de doute sur sa moralité, sur sa loyauté. En ce pays, on ne triche pas ; il n'y a point à démêler le dessous des cartes, les cartes n'ont pas de dessous.

Ces préalables étant remplis, la machine commence à fonctionner ; fournit-elle œuvre sortable, on la laisse aller ; dans le cas contraire, le parlement est là pour examiner, rebuter, pour casser les entrepreneurs.

Et derrière le parlement, se tient l'opinion publique, qui le souffle pour ainsi dire, puissance prééminente, transcendante ; puissance juste et sage, tant qu'elle est libre, tant qu'elle est elle-même.

C'est l'épée de Damoclès suspendue sur les têtes, retenue par un cheveu ; il faut marcher droit.

Il n'y a pas d'exemple que le ministère anglais ait erré, sauf que ce fût en commun, de concours avec le parlement et l'opinion, comme dans la guerre d'Amérique et à l'égard des catholiques.

Voilà la loi. Que la France tente de se la donner en propre, de la faire sienne ; alors, qu'importe tels ou tels ministres ? Autrement, qu'importe encore tels ou tels ministres ? Suivant qu'elle sera adoptée ou repoussée, tous seront bons ou tous seront mauvais.

Laissez donc tomber ceux-ci, laissez monter ceux-là ; ce n'est qu'un changement de noms : Pierre et Paul se valent.

Au gré du flux et du reflux de la vague incertaine, que les ministres soient vomis sur la plage ou enfouis dans l'abîme, l'agitation ne se joue qu'à la surface.

Il n'y a péril pour le vaisseau de l'Etat que dans les tempêtes de fond, dans les commotions amenées des profondeurs de l'Océan. Et dans l'ordre social, la base, le fond, c'est le parlement.

Les ministres passent et passeront mille fois, sans que la société soit émue sensiblement, soit atteinte dans son principe de vie ; mais elle serait menacée, ébranlée et tôt ou tard bouleversée, si jamais l'ascendant moral des pouvoirs devait s'exercer, s'épuiser, dans l'entreprise malencontreuse de soutenir un ministère, de se lier à un ministère, dont les sièges, attaqués et minés par l'action corrosive de l'opinion, sont à la veille de rompre, de tomber en poussière.

POST-SCRIPTUM.

« J'ai bien plutôt pris en considération les dispositions qui existent malheureusement à attaquer l'autorité, à représenter le pays comme étant dans une situation très défavorable, et à s'armer de tous les accidens qui surviennent pour chercher à détériorer cette situation, et pour arrêter dans sa marche le développement de la prospérité publique.

« Je me suis dit que dans une position pareille il était sage d'agir autrement que j'aurais conseillé de le faire dans une position ordinaire, et de pousser la précaution jusqu'au point que les présages de déficit, avec lesquels on essayait déja d'abuser les esprits ne pussent s'appuyer sur la moindre probabilité.

« C'est en vue de cette *position politique toute particulière* que nous avons *dû sacrifier les considérations* financières qui veulent qu'on fasse *les dépenses nécessaires* au pays, sans se laisser dominer par des prévisions qui ne doivent se réaliser qu'au bout de dix-huit mois, et sur lesquelles il est impossible d'avoir aucune certitude.

« Je dis que *ces dépenses devraient être faites,* parce qu'on trouverait toujours à aligner les recettes avec les dépenses, au moyen de la distinction qui veut que les dépenses ordinaires soient couvertes par des impôts, et les dépenses extraordinaires au moyen du crédit.

« Aussi, loin de redouter les attaques qu'on dirige contre nous, nous croyons qu'on aurait eu raison de nous combattre dans un sens inverse, si nous n'avions pas *dû céder devant la haute considération* que je viens de faire valoir. » (Discours du ministre du 25 mai, rectifié dans l'*Étoile* du 29 mai 1827.)

Le ministre reconnaît enfin la force de l'opinion, se soumet enfin au joug de l'opinion.

Mais au lieu de réparer la première faute, c'est en commettre une autre.

Il aura choqué, offensé, exaspéré l'opinion, sans motifs plausibles : et il plie, il se courbe devant l'opinion, malgré des devoirs sacrés.

L'opinion ne lui pardonnera jamais ses attaques ; l'opinion l'aurait justifié de sa résistance.

En outre des assignations de fonds les plus urgentes, les plus importantes, sans prendre la peine de distinguer entre elles, l'anathème de la peur frappe sur deux millions destinés à soutenir l'existence languissante de vingt mille prêtres.

Ainsi le ministre *a dû* sacrifier les considérations qui veulent qu'on fasse les dépenses nécessaires, en vue d'une position politique toute particulière, *a dû* céder devant la haute considération qu'il a fait valoir, à l'égard des dépenses qui devraient être faites.

Ainsi le ministre rêve d'année en année un excédant de produits, pour bâtir sur cet échafaudage le budget de l'Etat, et tout à coup, éclairé par la soudaine lumière des chiffres, sans nulle honte, sans aucun scrupule, rature d'un trait de plume des calculs péniblement tracés.

Ministre plus heureux qu'habile, qui n'est encore par-
venu qu'à détruire tout esprit religieux, à étouffer tout
sentiment royaliste, à aliéner l'opinion judiciaire et militaire, à livrer la France aux dédains de l'étranger, aux
risques de la guerre; et pour le repos de sa conscience, a
seulement obtenu de la longanimité des destins, de la
pusillanimité des consciences, de conserver, depuis plus
d'un lustre, la prééminence dans les conseils de l'Etat.

A. PIHAN DELAFOREST,

Imprimeur de M. le Dauphin et de la Cour de Cassation,
rue des Noyers, n° 37.